D1376704

LAS MATEMÁTICAS EN NUESTRO MUNDO

VAMOS A
USAR DINERO
EN UN VIAJE DE COMPRAS

Por Jennifer Marrewa

Fotografías de Kay McKinley

Consultora de lectura: Susan Nations, M.Ed.,
autora/consultora de alfabetización/consultora de desarrollo de la lectura
Consultora de matemáticas: Rhea Stewart, M.A.,
especialista en recursos curriculares de matemáticas

WEEKLY READER®
PUBLISHING

Please visit our web site at **www.garethstevens.com**
For a free color catalog describing our list of high-quality books,
call 1-800-542-2595 (USA) or 1-800-387-3178 (Canada). Our fax: 1-877-542-2596

Library of Congress Cataloging-in-Publication Data available upon request from publisher.

ISBN-13: 978-0-8368-9022-8 (lib. bdg.)
ISBN-10: 0-8368-9022-1 (lib. bdg.)
ISBN-13: 978-0-8368-9031-0 (softcover)
ISBN-10: 0-8368-9031-0 (softcover)

This edition first published in 2008 by
Weekly Reader® Books
An Imprint of Gareth Stevens Publishing
1 Reader's Digest Road
Pleasantville, NY 10570-7000 USA

Senior Editor: Brian Fitzgerald
Creative Director: Lisa Donovan
Graphic Designer: Alexandria Davis

Spanish edition produced by A+ Media, Inc.
Editorial Director: Julio Abreu
Chief Translator: Luis Albores
Production Designer: Phillip Gill

Printed in the United States

1 2 3 4 5 6 7 8 9 10 09 08 07

CONTENIDO

Las palabras que aparecen en el glosario están impresas en **negritas** la primera vez que se usan en el texto.

Capítulo 1:
¿Quién quiere escribir?

Hoy hay un visitante especial en la escuela. Un escritor le platica a la clase. Les cuenta a los niños de los libros que escribe. Dice que ser **autor** es divertido.

A Von, Sara y Jane les gusta las historias que el autor cuenta. También quieren escribir historias. Deciden empezar un club de escritura. Pueden hacer libros juntos.

Al día siguiente se reúnen en la casa de Jane. Hablan de las historias que escribirán. Hablan de los dibujos que harán para sus historias.

Los amigos necesitan algunas cosas para empezar. Sara dice que necesitan lápices. Jane cree que necesitan una **goma de borrar** rosada. Von dice que necesitan papel. Cree que un **cuaderno** grande es mejor.

Capítulo 2:
¡Es hora de ir de compras!

Von hace una lista de las cosas que necesitan comprar. Los niños ponen dinero en sus bolsillos. Están listos para ir a la tienda con la mamá de Jane.

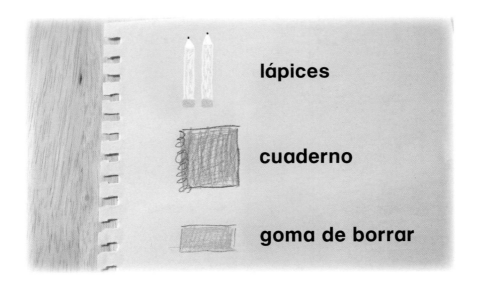

lápices

cuaderno

goma de borrar

En la tienda los niños buscan las cosas
que necesitan comprar. Von saca la
lista de su bolsillo. Lee la lista otra vez.
Después él y las chicas caminan por la
tienda para encontrarlas.

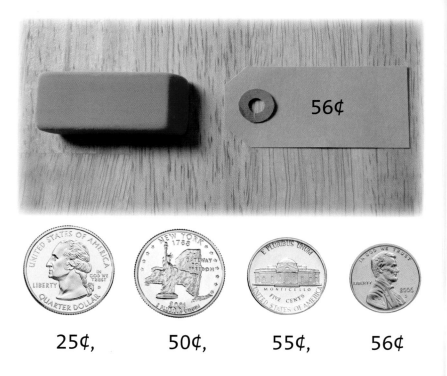

25¢,   50¢,   55¢,   56¢

Encuentran una goma de borrar rosada que quieren comprar. Cuesta 56¢. Jane tiene dos monedas de 25¢. Sara tiene una moneda de 5¢. Von tiene una moneda de 1¢. Son 56¢. Usarán estas monedas para comprar la goma de borrar.

10¢,   20¢,   30¢,   31¢,   32¢

Sara encuentra los lápices. Una caja de lápices cuesta 32¢. Sara tiene tres monedas de 10¢. Von le da una moneda de 1¢. Son 31¢. Jane añade otra moneda de 1¢. Usarán estas monedas para comprar la caja de lápices.

86¢

25¢,   50¢,   75¢,   85¢,   86¢

Von encuentra un cuaderno grande. Quiere el cuaderno con la cubierta azul. Cuesta 86¢. Von tiene tres monedas de 25¢. Sara tiene una moneda de 10¢. Jane tiene una moneda de 1¢. Son 86¢. Usarán estas monedas para comprar el cuaderno azul.

Van al mostrador y pagan sus cosas. Ahora tienen lo que necesitan para su club de escritura. También les sobran monedas. A Jane le queda una moneda en su bolsillo. A Sara y Von también les quedan monedas en sus bolsillos.

13

Capítulo 3:
¡Más monedas que contar!

Los niños miran sus monedas. A Jane le queda una moneda de 25¢. A Von también le queda una moneda de 25¢. A Sara le quedan una moneda de 25¢ y una moneda de 10¢ en su bolsillo.

25¢,   50¢,   75¢,   85¢

¿Cuánto dinero tienen en total? Jane pone su moneda de 25¢ sobre el mostrador. Von pone su moneda de 25¢ sobre el mostrador. Sara añade su moneda de 25¢ y su moneda de 10¢. ¡Tiene 85¢ en total!

Capítulo 4:
Más cosas que comprar

Los niños pueden comprar algo más para su club de escritura. ¿Qué deben comprar? Piensan y hablan. Cada uno tiene una idea.

Von cree que deben comprar un paquete de lápices de colores. El paquete de lápices cuesta 95¢. Los niños miran sus monedas. No tienen suficiente dinero para comprar los lápices de colores.

Sara cree que ellos deben comprar marcadores. El precio de los marcadores es de 90¢. Los niños miran sus monedas otra vez. No tienen suficiente dinero para comprar los marcadores.

Jane cree que deben comprar una caja de crayolas. El precio de una caja de crayolas es de 85¢. Los niños miran sus monedas una vez más. Tienen suficiente dinero para comprar las crayolas.

Las crayolas serán perfectas para dibujar.
Los niños van al mostrador otra vez. Pagan
las crayolas. Ahora tienen todas las cosas
que necesitan.

Salen de la tienda con sus compras.
Tienen una caja de lápices. Tienen una
goma de borrar rosada. Tienen un
cuaderno azul y una caja de crayolas.

Los niños platican durante el camino a
casa. Tienen muchas ideas para historias.
También piensan en los dibujos.

Sara, Jane y Von están listos para escribir. Escriben historias y dibujan para sus libros. Son escritores, igual que el visitante que vino a la escuela.

Glosario

autor: una persona que escribe libros o historias

cuaderno: hojas de papel unidas como un libro

goma de borrar: algo que se usa para borrar marcas que están escritas o impresas en papel

Nota acerca de la autora

Jennifer Marrewa es una ex maestra de primaria que escribe libros para niños, poesía, no ficción, y materiales educativos suplementarios. Vive en California con su esposo y dos niños.